# Úžasná moc žehnání

Richard Brunton

Úžasná moc žehnání
Vydalo Richard Brunton Ministries
Nový Zéland

© 2021 Richard Brunton

ISBN 978-0-473-58940-0 (Softcover)
ISBN 978-0-473-58941-7 (ePUB)
ISBN 978-0-473-58942-4 (Kindle)
ISBN 978-0-473-58943-1 (PDF)

Úpravy:
Zvláštní poděkování patří
Joanne Wiklundové a Andrewovi Killickovi
za to, že udělali příběh čtivějším,
než by možná jinak byl!

Výroba a sazba:
Andrew Killick
Castle Publishing Services
www.castlepublishing.co.nz

Design obalu:
Paul Smith

Biblické citace jsou převzaty z Bible,
překladu 21. století. © 2009-2021 BIBLION.

**VŠECHNA PRÁVA VYHRAZENA**

Žádná část této publikace nesmí být bez předchozího
písemného souhlasu vydavatele reprodukována,
uložena ve vyhledávacím systému ani přenášena v jaké-
koli formě nebo jakýmkoli způsobem, elektronicky,
mechanicky, kopírováním, nahráváním nebo jiným
způsobem.

# OBSAH

| | |
|---|---:|
| Předmluva | 5 |
| Úvod | 9 |
| | |
| **Část první: Proč žehnat?** | **13** |
| Náhled | 15 |
| Moc našeho projevu | 19 |
| Přechod od dobrořečení k žehnání: Naše poslání | 22 |
| Co je křesťanské požehnání? | 24 |
| Naše duchovní autorita | 27 |
| | |
| **Část druhá: Jak na to** | **33** |
| Některé důležité principy | 35 |
|     Udělejte si z čistých úst svůj životní styl | 35 |
|     Zeptejte se Ducha svatého, co říct | 35 |
|     Rozdíl mezi žehnáním a přímluvou | 36 |
|     Nesuďte | 37 |
|     Příklad pro ilustraci | 38 |
| Různé situace, kterým můžeme čelit | 40 |
|     Jak žehnat těm, kteří nám zlořečí nebo nás proklínají | 40 |

| | |
|---|---|
| Jak žehnat těm, kteří nás zraňují nebo odmítají | 41 |
| Jak žehnat těm, kteří nás dráždí | 44 |
| Jak místo proklínání žehnat sami sobě | 47 |
| Jak rozpoznávat a lámat kletby | 47 |
| Jak žehnat svým ústům | 49 |
| Jak žehnat své mysli | 50 |
| Jak žehnat svému tělu | 52 |
| Jak žehnat svému domovu, manželství a dětem | 56 |
| Otcovské požehnání | 63 |
| Jak žehnat svému pracovišti | 70 |
| Jak žehnat komunitě | 72 |
| Jak žehnat zemi | 74 |
| Jak žehnat Pánu | 75 |
| Závěrečné slovo čtenáře | 76 |
| Závěrečné slovo autora | 77 |
| | |
| Uplatnění | 78 |
| Jak se stát křesťanem | 80 |

## PŘEDMLUVA

Doporučuji vám, abyste si přečetli tuto malou knížku s jejím mocným poselstvím – změní vás to!

Když jsem byl s Richardem Bruntonem jednou ráno na snídani, tak se mi svěřil s tím, co mu Bůh zjevil o moci žehnání, a já jsem okamžitě viděl potenciál, jaký to může velký vliv na životy druhých.

Natočil jsem jeho poselství, abych je ukázal při duchovním soustředění mužů našeho sboru. Přítomní muži si mysleli, že je tak dobré, že chtěli, aby je slyšel celý sbor. Lidé je začali uvádět do praxe ve všech oblastech svého života a jako výsledek jsme slyšeli úžasná svědectví. Jeden podnikatel uvedl, že jeho podnikání přešlo od „ničeho k zisku" během dvou týdnů. Další byli fyzicky uzdraveni, když začali žehnat svému tělu.

Začaly se naskytovat další příležitosti, aby si toto

poselství vyslechlo víc lidí. Měl jsem mluvit na akci Shromáždění generálů (kde se sboroví pastoři scházejí, aby se učili a osvěžili) v Keni a Ugandě. Richard mě na té cestě doprovázel a měl lekci ohledně žehnání. Poselství prolomilo dlouho pohřbenou prázdnotu a bolest. Většina lidí v publiku nebyla nikdy požehnána svými otci, a když Richard zastal tuto roli a žehnal jim, mnozí plakali a zažili emocionální a duchovní osvobození spolu s okamžitou změnou svého života.

Vědět, jak žehnat, ovlivnilo můj život do takové míry, že nyní hledám příležitosti, jak žehnat druhým lidem "slovem a skutkem" – skrze to, co říkám a dělám. Tato malá knížka se vám bude líbit a pokud ji uplatníte ve svém životě, budete oplývat a přetékat plodností pro Boží království.

**Geoff Wiklund**
Geoff Wiklund Ministries,
Bývalý předseda, Promise Keepers,
Auckland, Nový Zéland

Bůh požehnal Richardovi tím, co mu odhalil o moci žehnání, když je vylito na druhé lidi. Věřím, že toto je zjevení od Boha pro naši dobu.

Jak Richard žije svým poselstvím, přináší to opravdovost, kterou lidé okamžitě vycítí.

To nás přimělo pozvat Richarda, aby promluvil na všech našich mužských akcích Promise Keepers. Dopad byl pro mnohé nesmírně silný a život měnící.

„Žehnání" bylo téma, které zasáhlo a získalo srdce mužů na akcích Promise Keepers. Na toto důležité učení – o žehnání a moci dobrořečení – byl obrovský kladný ohlas. Mnoho z mužů nikdy nedostalo požehnání, ani je nedalo druhým. Poté, co slyšeli Richardovo poselství a přečetli si tuto knížku, dostali mocné požehnání a byli připraveni žehnat druhým ve jménu Otce, Syna a Ducha svatého.

Chválím Richarda a tuto knížku o Úžasné moci žehnání jako mocný způsob, jak uvolnit plnost Božího požehnání v našich rodinách, našich komunitách a našem národě.

**Paul Subritzky**
Bývalý národní ředitel, Promise Keepers
Auckland, Nový Zéland

# ÚVOD

Každý rád slyší vzrušující zprávy – ale je dokonce ještě lepší, když je můžete říct!

Když jsem objevil hodnotu žehnání, bylo to, jako bych byl ten muž v Bibli, který objevil poklad na poli. S nadšením jsem sdílel své myšlenky a zkušenosti s pastorem Geoffem Wiklundem a ten mě požádal, abych promluvil k mužům z jeho sboru na soustředění v únoru 2015. Byli tak ohromeni, že chtěli, aby poselství slyšel celý sbor.

Ten den, kdy jsem mluvil ve sboru, byli mezi zúčastněnými i reverend Brian France z Charisma Christian Ministries a Paul Subritzky z Promise Keepers NZ. To vedlo k tomu, že jsem sdílel své poselství v Charismě na Novém Zélandu a na Fidži, a také s muži v Promise Keepers. Mnozí se ho chopili a okamžitě je začali uvádět do praxe, s vynikajícími výsledky. Někteří se vyjádřili, že nikdy předtím neslyšeli učení o této stránce Božího království.

Zdálo se, že služba žehnání narůstá jako lavina. (Neříká Bůh: „Dar otvírá člověku dveře"?). Koncem roku 2015 jsem doprovázel pastora Geoffa do Keni a Ugandy. Kázal stovkám pastorů, kteří se účastnili Shromáždění generálů. Byla to každoroční akce, na které delegáti hledali inspiraci a podporu, a Geoff měl pocit, že moje učení o žehnání by jim pomohlo. A opravdu se tak stalo. Nejen pastoři, ale i další řečníci z Ameriky, Austrálie a Jižní Afriky cítili, že to je mocné poselství, a povzbuzovali mě, abych udělal něco pro oslovení širšího publika.

Nechtěl jsem budovat nebo udržovat webové stránky, ani psát hloubkovou práci, když již existují jiné a vynikající. Poselství ohledně žehnání je velmi jednoduché, snadno uskutečnitelné, a nechtěl jsem, aby se jeho jednoduchost ztratila ve složitosti – proto tato malá knížka.

Citace jsem čerpal z knížek *Moc žehnání* od Kerryho Kirkwooda, *Záplava milosti: Jak se stát lidmi požeh-*

*nání* od Roye Godwina a Davea Robertse, *Otcovské požehnání* od Franka Hammonda a *Zázrak a moc žehnání* od Maurice Berquista. Určitě jsem čerpal nebo se učil i od jiných lidí a z dalších knih, ale v průběhu let mi to všechno splynulo.

Objev moci žehnání otevře zcela nový způsob života každému, kdo podle toho koná. Lidem teď žehnám téměř každý den – věřícím i nevěřícím – v kavárnách, restauracích, hotelech, čekárnách, a dokonce i na ulici. Žehnal jsem sirotkům, sirotčincům, letuškám v letadle, ovocným sadům, zvířatům, peněženkám, podnikům a zdravotním problémům. Dospělí muži a ženy mi plakali na hrudi, když jsem nad nimi vyslovil otcovské požehnání.

Když jsem mluvil s nevěřícími, zjistil jsem, že otázka „Můžu vám požehnat, nebo vašemu podnikání, vašemu manželství atd.?" je méně zastrašující než „Můžu se za vás modlit?". Tento jednoduchý přístup, vyjádřený s láskou, skutečně vedl jednoho z mých rodinných příslušníků po letech hádek k poznání lásky a spásonosné moci Ježíše Krista.

Výsledek často nevidím, ale viděl jsem dost, abych věděl, že požehnání mění život. A mě změnilo také.

Je Boží přirozeností žehnat a jako bytosti stvořené podle Jeho obrazu ji máme také v naší duchovní DNA. Duch svatý čeká, až Boží lid vystoupí ve víře a v autoritě, kterou pro ně Ježíš Kristus získal, aby změnil životy.

Jsem si jist, že vám tato knížka pomůže. Ježíš nás nenechal bezmocnými. Vyslovovat požehnání ve všech možných situacích je zanedbávaná duchovní milost, která má potenciál změnit váš svět.

Užijte si to.
**Richard Brunton**

# ČÁST PRVNÍ:
# Proč žehnat?

# NÁHLED

Moje manželka Nicole je z Nové Kaledonie, takže to samozřejmě znamenalo, že jsem se musel naučit mluvit francouzsky a trávit dost času v jejím rodišti, v Nouméi. Přestože je Nová Kaledonie převážně katolickou zemí, netrvalo dlouho, než jsem si všiml, že mnoho lidí je stále v kontaktu s „temnou stranou", ale zároveň praktikuje svou víru. Nebylo neobvyklé, že lidé navštěvovali médium, jasnovidce nebo léčitele, aniž by chápali, že se vlastně obracejí na čarodějnictví.

Vzpomínám si, jak mě moje manželka vzala na návštěvu k mladé, asi dvacetileté ženě, kterou předtím vzali k jednomu z těchto „léčitelů", ale která brzy poté skončila v ústavu pro lidi trpící duševní poruchou a depresí. Když jsem pochopil, že je křesťanka, přikázal jsem jménem Ježíše Krista démonům, kteří do ní vstoupili, aby odešli. Katolický kněz se také modlil a naším společným úsilím byla tato dívka osvobozena a krátce poté propuštěna z ústavu.

Jiní vyznávali svou katolickou víru, a přitom otevřeně vystavovali sochy nebo artefakty jiných bohů. Potkal jsem tam jednoho takového muže, který měl neustálé žaludeční problémy. Jednoho dne jsem mu řekl, že věřím tomu, že když se zbaví velkého tlustého Buddhy před svým domem (v noci byl celý rozsvícený), tak jeho žaludeční problémy ustanou. Kromě toho musely jít pryč i některé artefakty, které nashromáždil. Bránil se tomu – jak by mu mohly tyto „mrtvé" věci způsobit nemoc? Po několika měsících jsem ho znova potkal a zeptal jsem se, jak je na tom se žaludkem. Trochu rozpačitě odpověděl: „Nakonec jsem dal na Tvou radu a zbavil se Buddhy. Můj žaludek je teď v pořádku."

Při jiné příležitosti jsem byl požádán, abych šel k jedné ženě, která měla rakovinu. Než jsem se začal modlit, navrhl jsem, aby se zbavili soch Buddhy v obýváku, což její manžel okamžitě udělal. Jak jsem lámal její kletby a ve jménu Ježíše kázal démonům, aby odešli, popsala ledový chlad pohybující se jejím tělem od nohou vzhůru a opouštějící hlavu.

Na tomto základě jsem se rozhodl udělat přednášku

o kletbách modlitební skupině, kterou jsme s manželkou založili v našem bytě v Nouméi. Přednáška byla založena na díle Dereka Prince (Derek Prince byl uznávaný učitel Bible ve dvacátém století). Když jsem připravoval své poselství ve francouzštině, zjistil jsem, že jejich slovo pro kletbu je „malédiction" a slovo pro požehnání je „bénédiction". Doslovný význam těchto slov je „zlořečení" a „dobrořečení".

Dříve, když jsem porovnával kletbu a požehnání, kletba vypadala tmavá, těžká a nebezpečná, a požehnání se zdálo docela lehké a neškodné. Učení o kletbě jsem už předtím slyšel, ale nikdy o požehnání – což pravděpodobně přispělo k mému pohledu. Ani jsem nikdy nikoho neslyšel žehnat druhému se skutečným úmyslem a účinkem. Vlastně, jako by křesťanské požehnání bylo nanejvýš říct: „Pozdrav Pán Bůh", když někdo kýchne, nebo napsat „Bůh vám žehnej" na konci dopisu nebo e-mailu – jako by to byl spíše jen zvyk než něco záměrného.

Později, jak jsem přemýšlel o těch slovech „malédiction" a „bénédiction", mě napadlo, že pokud je „zlořečení" mocné, pak by „dobrořečení" mělo být přinejmenším stejně mocné a s Bohem pravděpodobně mnohem mocnější!

Toto zjevení, spolu s dalšími poznatky, o kterých budu mluvit později, mě přivedlo na cestu k objevení moci žehnání.

# MOC NAŠEHO PROJEVU

Nechci opakovat to, co už mnoho dobrých knih řeklo o moci našich slov. Chci shrnout, co je podle mě v této oblasti velmi důležité.

Víme, že:

> *Jazyk má moc nad smrtí i životem a ti, kdo rádi mluví, jedí jeho ovoce. (Přísloví 18:21)*

Slova obsahují obrovskou moc – buď kladnou a konstruktivní, nebo zápornou a ničivou. Pokaždé, když vyslovujeme slova (a dokonce používáme zvláštní tón, který těmto slovům přidává smysl), vyslovujeme buď život nebo smrt nad těmi, kteří nás slyší, i sami nad sebou. Dále víme, že:

> *Čím srdce oplývá, tím ústa přetékají. Dobrý člověk rozdává z dobrého pokladu svého srdce a zlý člověk ze zlého. (Matouš 12: 34-35)*

Tak z kritického srdce mluví kritický jazyk, ze samospravedlivého srdce odsuzující jazyk, z nevděčného srdce stěžující si jazyk, a tak dále. Stejně tak žádostivé srdce nese odpovídající ovoce. Svět je plný negativních řečí. Média je chrlí den co den. Vzhledem k tomu, že lidská přirozenost je, jaká je, máme tendenci nemluvit dobře o lidech nebo situacích. Nezdá se, že by nám přišlo přirozené mluvit dobře. Často čekáme, až lidé zemřou, než o nich řekneme pěkné věci. „Dobrý poklad" však pramení z láskyplných srdcí, která mluví laskavým jazykem, z mírumilovných srdcí mluví smířlivý jazyk, a tak dále.

Výrok „a ti, kdo rádi mluví, jedí jeho ovoce", naznačuje, že sklízíme to, co zaséváme – ať už je to dobré nebo špatné. Jinými slovy, dostanete to, co říkáte. Co si o tom myslíte?

To platí pro všechny lidské bytosti bez ohledu na to, zda mají nebo nemají křesťanskou víru. Křesťané i nekřesťané můžou mluvit slova života – například můžou říct: „Synku, postavil jsi krásný domeček. Jednou z tebe možná bude vynikající stavitel nebo architekt. Výborně."

Ale znovuzrozený křesťan má nové srdce. Bible říká, že jsme „nová stvoření" (2. Korintským 5:17). Proto bychom jako křesťané měli více dobrořečit a méně zlořečit. Pokud nebudeme dobře strážit svá srdce a slova, tak můžeme snadno sklouznout do negativity. Jakmile o tom začnete vědomě přemýšlet, budete překvapeni, jak často křesťané – i nevědomky – proklínají sami sebe i ostatní. Více o tom později.

# PŘECHOD OD DOBROŘEČENÍ K ŽEHNÁNÍ: NAŠE POSLÁNÍ

Jako křesťané můžeme s životem Pána Ježíše, který v nás působí, jít dále než k dobrořečení – můžeme vyslovovat a dávat požehnání lidem nebo situacím – a jsme k tomu opravdu povoláni. Možná, že žehnání je naše velké poslání. Přečtěte si toto:

*Buďte milosrdní a skromní. Neodplácejte zlo zlem ani zlořečení zlořečením, ale naopak žehnejte. K tomu jste přece povoláni a za to máte obdržet požehnání. (1. Petrův 3:8-9)*

Jsme povoláni žehnat a přijímat požehnání.

První věc, kterou Bůh řekl Adamovi a Evě, bylo požehnání:

*Bůh jim požehnal a řekl jim: "Ploďte a množte se, naplňte zemi a podmaňte si ji…" (Genesis 1:28)*

Bůh jim požehnal, aby mohli být plodní. Žehnání je vlastností Boha – to je to, co dělá! A stejně jako Bůh (a od Boha) my také máme autoritu a moc žehnat druhým.

Ježíš žehnal. Poslední věcí, kterou udělal, dokonce když už se chystal vystoupit do nebe, bylo žehnat svým učedníkům:

> *Potom je odvedl až k Betánii. Zvedl ruce, aby jim požehnal, a zatímco jim žehnal, začal se jim vzdalovat, jak byl unášen vzhůru do nebe. (Lukáš 24:50-51)*

Ježíš je náš vzor. Řekl, že bychom měli dělat to samé, co dělal on, v Jeho jménu. Jsme stvořeni Bohem k tomu, abychom žehnali.

# CO JE KŘESŤANSKÉ POŽEHNÁNÍ?

Ve Starém zákoně je pro slovo „požehnání" použito hebrejské slovo „barak". To jednoduše znamená „vyslovovat Boží záměr".

V Novém zákoně je pro slovo „požehnání" použito řecké slovo „eulogia", ze kterého máme slovo „eulogie" [chvála]. V praxi to tedy znamená „mluvit dobře o" nebo „vyslovovat Boží záměr a přízeň nad" člověkem.

To je definice požehnání, kterou použiji pro tuto knížku. Žehnání je vyslovování Božího záměru nebo přízně nad někým nebo nějakou situací.

Bůh se z velké části ve své moudrosti rozhodl omezit své dílo na Zemi na to, čeho může prostřednictvím svého lidu dosáhnout. Takto přináší své království na Zem. Proto chce, abychom žehnali jeho jménem. Jako křesťan tedy můžu ve jménu Ježíše vyslovovat Boží úmysly nebo přízeň nad někým nebo nějakou situací. Pokud to udělám s vírou a láskou, pak v tom, co říkám, mám nebeskou moc a mohu očekávat, že Bůh začne konat, aby pohnul věcmi z místa, kde jsou, tam kde chce, aby byly. Když někomu záměrně žehnám, s láskou a vírou, umožňuji Bohu, aby spustil své plány pro tuto osobu.

Na druhou stranu někdo může záměrně nebo obvykle neúmyslně vyslovovat Satanovy úmysly nad někým nebo dokonce nad sebou, což pak démonickým silám umožní spustit své plány pro tuto osobu – to znamená krást, zabíjet a ničit. Ale díky Bohu:

*Ten, který je ve vás, je totiž větší než ten, který je ve světě. (1. Janův 4:4)*

Žehnat, to je samotné srdce Boží – je to skutečně jeho samotnou podstatou! Boží touha žehnat je šíleně extravagantní! Nic ho nemůže zastavit. Je odhodlán žehnat lidstvu. Jeho touhou je, aby Ježíš měl mnoho bratrů a sester. To jsme my! Přestože samotným Božím srdcem je žehnat lidstvu, ještě víc touží, aby si jeho lidé žehnali navzájem.

Když žehnáme v Ježíšově jménu, přichází Duch svatý, protože odrážíme něco, co dělá Otec – říkáme slova, která si Otec přeje, aby byla řečena. Neustále mě ohromuje, jaká je to pravda. Když někomu žehnám, je u toho Duch svatý – dotkne se dané osoby, uvolní se láska a věci se změní. Lidé mě často potom obejmou, nebo pláčou a říkají: „Ani nevíš, v jak pravý čas a jak silné to bylo", nebo „Ani nevíš, jak moc jsem to potřeboval".

Ale je tu něco velmi důležitého, čeho je potřeba si všimnout: žehnáme z pozice intimity s Bohem, z Jeho přítomnosti. Naše duchovní blízkost Bohu je velmi důležitá. Naše slova jsou Jeho slova a jsou pomazána Jeho mocí, aby se naplnily Jeho úmysly pro tuto osobu nebo situaci. Ale vraťme se trochu zpět…

# NAŠE DUCHOVNÍ AUTORITA

Ve Starém zákoně se měli kněží přimlouvat za lidi a vyslovovat nad nimi požehnání.

*Takto budete žehnat synům Izraele –*
*budete jim říkat:*
*Ať ti Hospodin žehná a chrání tě!*
*Ať Hospodin nad tebou rozjasní svou tvář*
*a daruje ti přízeň!*
*Ať Hospodin k tobě obrátí svou tvář a obdaří*
*tě pokojem!'*
*Tak budou pronášet mé jméno nad syny Izraele,*
*a já jim požehnám. (Numeri 6:23-27)*

V Novém zákoně se my, křesťané, nazýváme:

*…vyvolený rod, královské kněžstvo, svatý národ, lid získaný do vlastnictví, abyste hlásali ctnosti Toho, který vás povolal ze tmy do svého podivuhodného světla. (1. Petrův 2:9)*

A Ježíš

> *…nás učinil králi a kněžími svému Bohu a Otci…*
> *(Zjevení 1:6)*

Před časem jsem seděl na Ouen Toro, vyhlídce v Nouméi, a hledal jsem myšlenku, se kterou bych přispěl do modlitební skupiny. Cítil jsem, jak Bůh říká: "Nevíte, kdo jste." O několik měsíců později: "Kdybyste jen věděli, jakou autoritu máte v Kristu Ježíši, změnili byste svět." Obě tato poselství se týkala určitých skupin lidí, ale později jsem si uvědomil, že byla i pro mě.

Myslím, že v křesťanských kruzích je obecně známo, že mluvit přímo k nemoci nebo stavu ("hoře" - Marek 11:23) a přikazovat uzdravení, je účinnější než žádat Boha, aby to udělal (Matouš 10:8, Marek 16:17-18). To byla jednoznačně moje zkušenost a zkušenost mnoha dalších známých a vážených lidí, kteří jsou aktivní a úspěšní ve službě uzdravování a vysvobozování. Věřím, že Ježíš ve skutečnosti říká: "*Vy* uzdravujte nemocné (mým jménem). Není to *moje* práce, je to *vaše* práce. *Vy* to udělejte."

Bůh chce uzdravovat a chce to dělat skrze nás. Bůh chce vysvobozovat a chce to dělat skrze nás. Bůh chce žehnat a chce to dělat skrze nás. Můžeme žádat Boha, aby žehnal, nebo můžeme žehnat v Ježíšově jménu.

Vzpomínám si, že před několika lety jsem si udělal čas jít dřív do práce, abych požehnal své firmě. Začal jsem: „Bože, požehnej Colmar Brunton." Byl to prázdný pocit. Pak jsem to změnil – nejdřív trochu váhavě – z „Bože, požehnej Colmar Brunton" na:

*Colmar Brunton, žehnám ti ve jménu Otce, Syna a Ducha svatého. Žehnám vám v Aucklandu a žehnám vám ve Wellingtonu a žehnám vám v regionech. Žehnám vám v práci a žehnám vám doma. Dávám průchod Božímu království na tomto místě. Přijď Duchu svatý, jsi tady vítán. Vylévám lásku, radost, klid, trpělivost, laskavost, dobrotu, mírnost, věrnost, sebekontrolu a jednotu. Ve jménu Ježíše vylévám myšlenky Božího království, které by pomohly našim klientům uspět a učinit svět lepším místem. Vylévám přízeň na klientském trhu. Vylévám přízeň na trhu práce.*

*Žehnám naší vizi: „Lepší podnikání, lepší svět".*
*Ve jménu Ježíše, amen.*

Jak jsem se cítil veden, tak jsem dělal znamení kříže u našeho vchodu a duchovně uplatňoval ochranu v Ježíšově krvi nad naším podnikáním.

Od chvíle, kdy jsem změnil slova „Bože, požehnej Colmar Brunton" na „Žehnám Colmar Brunton ve jménu Otce, Syna a Ducha svatého", na mě sestoupilo Boží pomazání – cítil jsem Boží potěšení a ujištění. Bylo to, jako by říkal: „Pochopil jsi to, synu, to je to, co chci, abys dělal." I když jsem to od té doby už určitě udělal tisíckrát, vždy v tom cítím Boží potěšení. A výsledky? Atmosféra v kanceláři se změnila a změnila se rychle, až do bodu, kdy o tom lidé otevřeně mluvili, a přemýšleli, proč se věci tak změnily. Bylo to opravdu úžasné! Žehnání může opravdu změnit náš svět.

Ale nezastavil jsem se tady. Ráno, když byla kancelář stále prázdná, když jsem přišel k židli někoho, kdo potřeboval moudrost pro konkrétní situaci, požehnal jsem mu, položil ruce na židli a věřil, že pomazání na to, aby se uskutečnilo požehnání, přejde do látky židle, a tak na osobu sedící na ní (Skutky 19:12). Kdykoli jsem si byl vědom konkrétních potřeb, které lidé měli, tak jsem žehnal v tom duchu.

Zejména si pamatuji člověka, který se obvykle rouhal – to znamená, že používal Boží jméno jako nadávku. Jednoho rána jsem položil ruce na jeho židli a ve jménu Ježíše svázal ducha rouhání. Musel jsem to několikrát zopakovat, ale nakonec zlý duch, který za tím stál, musel na kolena před větší mocí, a rouhání ze slovníku toho muže na pracovišti zmizelo.

Vzpomínám si také na muže, který ke mně chodil pro modlitbu a chtěl, aby ho Bůh vyprostil z jeho pracoviště, protože se tam všichni rouhali. Zastával jsem opačný názor: tento muž tam byl, aby žehnal svému pracovišti a změnil atmosféru! Můžeme změnit náš svět.

Usoudil jsem, že zatímco Bůh touží žehnat lidstvu, ještě víc si přeje, abychom my – jeho lid, jeho děti – žehnali lidstvu. Máte duchovní autoritu. *Vy žehnejte!*

Náš nebeský Otec chce, abychom se spolu s Ním *podí-*

*leli*, abychom *spolupracovali*, na Jeho díle spasení. Můžeme žehnat lidstvu uzdravováním a vysvobozováním, ale můžeme také žehnat lidstvu svými slovy. Jsme lidé, které Bůh používá, aby požehnal světu. Jaké privilegium a zodpovědnost!

Takže pro mě žehnat je mluvit o Božích záměrech se životy nebo situacemi lidí s láskou, otevřenýma očima, záměrně, s autoritou a mocí, z našeho ducha naplněného Duchem svatým. Jednoduše řečeno, žehnání je konání ve víře s tím, že prohlašujeme Boží záměr nad osobou nebo situací. Když prohlašujeme Boží záměr, uvolňujeme Jeho schopnosti pohnout věcmi z místa, kde jsou, tam kde chce, aby byly.

A pamatujte si – jsme požehnáni, protože žehnáme.

## ČÁST DRUHÁ:
# Jak na to

# NĚKTERÉ DŮLEŽITÉ PRINCIPY

**Udělejte si z čistých úst svůj životní styl**

*Ze stejných úst vychází žehnání i proklínání. Bratři moji, tak to nemá být! (Jakubův 3:10)*

*Budeš-li rozlišovat mezi vzácným a bezcenným, budeš mými ústy. (Jeremiáš 15:19b)*

Pokud chcete mluvit o Božích úmyslech s lidmi, musíte se vyhnout používání slov, která jsou bezcenná nebo horší než bezcenná.

**Zeptejte se Ducha svatého, co říct**

Rozdmýchejte svého ducha (chválami nebo mluvením v jazycích). Požádejte Ducha svatého, aby vám umožnil cítit Otcovskou lásku k člověku, kterému chcete požehnat. Modlete se přibližně toto:

*Otče, co chceš, abych řekl/a? Prosím, dej mi slova požehnání pro tuto osobu. Jak ho/ji můžu povzbudit nebo utěšit?*

**Rozdíl mezi žehnáním a přímluvou**
Většina lidí zjistí, že je dost obtížné se naučit vyslovovat nahlas požehnání. Neustále sklouzávají do „přimlouvání se" a žádají Otce, aby požehnal. I když je to dobrá věc, požehnání vyslovené tímto způsobem je ve skutečnosti modlitbou, proto je důležité znát rozdíl. Vyslovování nebo prohlašování požehnání nenahrazuje modlitbu a přímluvu, ale doprovází je – měly by být pravidelně spolu.

Spisovatelé Roy Godwin a Dave Roberts to ve své knize *Záplava milosti* vyjádřili velmi dobře:

*Když žehnáme, díváme se dané osobě do očí (pokud je to v dané situaci možné) a mluvíme přímo k ní. Můžeme například říct něco jako: „Žehnám ti ve jménu Páně, aby na tobě spočinula milost Pána Ježíše. Žehnám ti v Jeho jménu, aby tě obklopila a naplnila Otcovská láska, abys poznal/a ve svém nejhlubším nitru, jak plně a naprosto tě přijímá a raduje se z tebe. "*

*Všimněte si osobního zájmena „já". Jsem to já, kdo přímo vyslovuje požehnání ve jménu Ježíše. Nemodlil jsem se k Bohu za požehnání, ale vyslovil jsem požehnání pomocí autority, kterou nám Ježíš dává, abychom vyslovovali požehnání nad lidmi, aby mohl přijít On a požehnat jim.*

**Nesuďte**
Neposuzujte, jestli si někdo zaslouží požehnání nebo ne. Skutečné požehnání, vyslovené nad někým nebo něčím, vyjadřuje způsob, jakým ho Bůh vidí. Bůh se nezaměřuje na to, jak se možná v daném okamžiku jeví, ale spíše na to, jaký by měl být.

Například Bůh nazval Gedeona „*udatným hrdinou*" (Soudců 6:12), i když v té době byl vším jiným než tím! Ježíš nazval Petra „skálou" (Matouš 16:18) dříve, než měl „ramena", na kterých by nesl závislost ostatních lidí na něm. Dále čteme: „*Bůh ... oživuje mrtvé a povolává to, co není, jako by bylo.*" (Římanům 4:17).

Pokud tomu rozumíme, odstraní to náš sklon jednat jako „soudci", jestli si někdo zaslouží požehnání.

Čím méně si někdo *zaslouží* požehnání, tím více ho potřebuje. Lidé, kteří žehnají lidem nezasluhujícím si požehnání, dostávají na oplátku největší požehnání.

**Příklad pro ilustraci**
Představte si, že existuje muž jménem Franta, který má problém s pitím. Frantova manželka s ním není šťastná, takže se možná modlí něco jako: *„Bože, žehnej Frantovi. Přiměj ho, aby přestal pít a poslouchal mě."* Ale bylo by mnohem mocnější říct něco jako:

*Franto, žehnám ti ve jménu Ježíše. Nechť se uskuteční Boží plány pro tvůj život. Nechť se staneš člověkem, manželem a otcem, kterým tě Bůh určil. Žehnám ti, abys byl osvobozen od závislosti. Žehnám ti pokojem Kristovým.*

První žehnání svěřuje tento problém Bohu. Nevyžaduje žádné úsilí – je líné. Je také posuzovačné a samospravedlivé a zaměřuje se na Frantovy hříchy.

*Některé důležité principy* | 39

Druhé žehnání vyžaduje více přemýšlení a více lásky. Není posuzovačné a zaměřuje se spíše na Frantův potenciál než na jeho současný stav. Nedávno jsem slyšel, jak někdo říká, že Satan zná naše jméno a potenciál, ale volá na nás naším hříchem, zatímco Bůh zná náš hřích, ale volá na nás naším skutečným jménem a potenciálem. Druhé žehnání je více v souladu s Božími plány a záměry. Odráží vykupitelské srdce Boží. Pamatujte, Bůh Frantu miluje.

# RŮZNÉ SITUACE, KTERÝM MŮŽEME ČELIT

Jsem studentem žehnání. Když jsem začal, nevěděl jsem, jak žehnat, a nenašel jsem mnoho něčeho, co by mi pomohlo. Velmi rychle jsem si začal uvědomovat, že existuje mnoho různých druhů situací, takže vám chci předložit následující návrhy. Můžete je přizpůsobit potřebám vaší konkrétní situace a podle toho, co si myslíte, že Duch svatý chce, abyste řekli. Bude to vyžadovat praxi, ale stojí to za to.

## Jak žehnat těm, kteří nám zlořečí nebo nás proklínají

Před mnoha lety přišla ke mně domů na kávu a na rozloučení moje zaměstnankyně, která nedávno předtím podala výpověď. Její názory byly v duchu New Age – „bohyně uvnitř vás" a podobně. Během rozhovoru řekla, že poslední dvě firmy, pro které pracovala a ze kterých odešla, následně zbankrotovaly.

Tehdy jsem nebyl křesťanem příliš dlouho, ale i tak jsem poznal, že její slova byla kletbou, která chtěla něco podpálit. Několik vteřin jsem cítil strach a potom jsem to v mysli odmítl přijmout. Ale neudělal jsem další krok, abych jí požehnal. Kdybych ji požádal o svolení modlit se za to, co jsem měl na srdci, tak jsem mohl říct něco jako:

*Dano (to není její skutečné jméno), svazuji vliv čarodějnictví ve tvém životě. Žehnám ti ve jménu Ježíše. Prohlašuji nad tebou Boží dobrotu. Nechť se naplní Boží úmysly pro tvůj život … žehnám tvým nadáním, ať požehnají tvému budoucímu zaměstnavateli a přinesou slávu Bohu. Nechť se staneš nádhernou Boží ženou – takovou, jakou On chce, abys byla. Ve jménu Ježíše, amen.*

**Jak žehnat těm, kteří nás zraňují nebo odmítají**
Jednou jsem se modlil za ženu, která měla emocionální a finanční potíže poté, co ji opustil manžel. Zeptal jsem se jí, jestli mu může odpustit. No, bylo to těžké, ale, k její cti, udělala to. Pak jsem se jí zeptal, jestli by mohla manželovi požehnat. Byla trochu

šokovaná, ale byla ochotná to zkusit. Přestože její manžel nebyl přítomen, vedl jsem ji v tomto duchu:

*Žehnám ti, můj manželi. Nechť se uskuteční všechny Boží plány pro tvůj život a pro naše manželství. Nechť se staneš mužem, manželem a otcem, kterým Bůh chce, abys byl. Nechť je s tebou Boží milost a přízeň. Ve jménu Ježíše, amen.*

Začátek byl rozpačitý, ale potom uchopila srdce nebeského Otce a sestoupilo na ni Boží pomazání. Oba jsme plakali, jak ji oslovil Duch svatý, a myslím, že i jejího manžela. Boží cesty nejsou naše cesty.

Žehnat v těchto typech situací je tak odvážné – až majestátní – a křesťanské.

Žehnat těm, kteří si to nezaslouží, je podstatou Božího srdce – jeho specialitou, abych tak řekl. Pomyslete na toho zloděje, který byl ukřižován vedle Ježíše, nebo ženu, která byla přistižena při cizoložství. A co vy a já?

Žehnání je „nesvětské" a proti intuici – není to něco,

co by lidé ve zraňujících situacích měli přirozený sklon udělat. Ale je to Boží způsob a může uzdravit toho, kdo dává požehnání, i toho, kdo požehnání přijímá. Odstraní jedovaté výbuchy hořkosti, pomsty, rozhořčení a hněvu, které by jinak mohly uškodit vašemu tělu a zkrátit váš život.

Tady je email, který jsem nedávno dostal od Denise:

*Asi před třemi měsíci jsem mluvil po telefonu se svým bratrem. Moc spolu nemluvíme, protože žije a pracuje v jiném městě.*

*Když jsme končili náš přátelský rozhovor, zeptal jsem se ho, jestli mi dovolí požehnat podnikání, které provozuje se svou ženou. Nezareagoval dobře. Byl velmi sprostý a řekl několik věcí, které mě opravdu rozzlobily, a přemýšlel jsem, jestli to trvale nenarušilo náš vztah. Během následujících dní a týdnů jsem však v každodenním životě používal zásady úžasné moci žehnání a prohlašoval jsem Boží lásku nad podnikáním mého bratra. Někdy jsem to dělal dvakrát až třikrát denně. Potom, o tři měsíce později, den*

> *před Vánoci, mi můj bratr zavolal, jako by se nic nestalo. Byl jsem docela ohromen jeho velmi přátelským přístupem a nebyla mezi námi vůbec žádná zášť.*

> *Úžasná moc žehnat okolnostem, které jsou mimo naši kontrolu opravdu funguje … Chvála Pánu!*

**Jak žehnat těm, kteří nás dráždí**

Jednou z nejnesnesitelnějších věcí pro některé z nás je, když lidé dělají sobecké, bezohledné nebo přímo podvodné věci v dopravním provozu. Stává se to často. V okamžiku nám mohou přijít na mysl a vyjít z úst nekřesťanská slova. Když k tomu dojde, proklínáme někoho, kdo byl stvořen Bohem a kterého Bůh miluje. Bůh ale může toho člověka bránit.

Až se to příště stane, zkuste místo zlostných slov tomu druhému řidiči požehnat:

> *Žehnám tomu mladíkovi, který se přede mě vtlačil (podváděl ve frontě). Vyhlašuji nad ním Tvou lásku, Pane. Dávám průchod Tvé dobrotě a všem*

*Tvým úmyslům pro jeho život. Žehnám tomuto mladíkovi a vyzývám jeho potenciál. Ať bezpečně dojede domů a je požehnáním své rodině. Ve jménu Ježíše, amen.*

Nebo méně formálně:

*Otče, žehnám řidiči toho auta, ve jménu Ježíše. Nechť ho pronásleduje, předstihne a uvězní Tvoje láska!*

Jedna z mých čtenářek učinila zajímavé pozorování:

*Jedna věc, kterou jsem si všimla, je, že mě žehnání změnilo. Nemůžu například žehnat lidem, kteří mě irituji, a potom o nich mluvit – nebo si i myslet – špatné věci. To by bylo špatné. Místo toho očekávám, že z žehnání vyjdou dobré výsledky… – Jillian*

Kdysi jsem měl přítele jménem Jan a ten mě pozval, abych se modlil ohledně rodinného sporu o dědictví. Spor se táhl a stával se čím dál nepříjemnějším. Navrhl jsem, že místo modlení té situaci požehnáme.

> *Žehnáme této situaci ohledně sporu o toto dědictví v Ježíšově jménu. Stavíme se proti rozkolu, sváru a sporům a dáváme průchod spravedlnosti, čestnosti a usmíření. Jak této situaci žehnáme, tak odkládáme své vlastní myšlenky a touhy a dáváme průchod Bohu, aby naplnil své záměry, jak rozdělit toto dědictví. Ve jménu Ježíše, amen.*

Během několika dnů byla záležitost přátelsky vyřešena.

Líbí se mi, co řekl jiný z mých čtenářů:

> *Byl jsem ohromen rychlou „dobou odezvy", kterou jsem viděl při žehnání druhým. Je to, jako by byl Pán připraven zahrnout láskou lidi, když nad nimi vyslovíme modlitby s požehnáním. – Pastor Darin Olson, Junction City, Oregon Nazarene Church*

Žehnání může opravdu změnit náš svět.

# JAK MÍSTO PROKLÍNÁNÍ ŽEHNAT SAMI SOBĚ

**Jak rozpoznávat a lámat kletby**
Jak běžné jsou tyto myšlenky: „Jsem ošklivá, jsem hloupý, jsem nemotorná, myslí mi to pomalu, nikdo mě nemá rád, Bůh mě nikdy nemůže použít, jsem hříšník…"? Existuje tolik lží, kterým nás Satan nutí věřit.

Mám známou, která to dělá v jednom kuse, a to mě trápí. „Ty jsi ale hloupá, Růženo (to není její skutečné jméno). Zase jsi to zvorala. Nedokážeš nic udělat pořádně…"

Tyto kletby neopakujte ani nepřijímejte! Místo toho si žehnejte.

Pamatuji si konkrétní situaci v modlitební skupině. Rozpoznal jsem ducha bezcennosti u ženy, která přišla, aby se za ni modlili. Během modlitby řekla: „Jsem hloupá." Zeptal jsem se jí, kde to slyšela. Řekla mi, že to o ní říkali její rodiče. Jak smutné … a jak běžné.

Vedl jsem ji v tomto duchu:

> *Ve jménu Ježíše odpouštím svým rodičům. Odpouštím sama sobě. Odpoutávám se od slov, které nade mnou vyslovili moji rodiče i já sama. Mám Kristovu mysl. Jsem moudrá.*

Bez okolků jsme vykázali duchy odmítnutí a bezcennosti, a pak jsem jí požehnal a prohlásil jsem o ní, že je Boží kněžna, že v Jeho očích má hodnotu, že ji Bůh použije, aby požehnal druhým a dal jim emocionální uzdravení a naději. Požehnal jsem jí, aby měla odvahu.

Pomalu to požehnání vstřebávala. Začala zářit. Následující týden popsala, jak moc jí to pomohlo. Opravdu můžeme změnit náš svět.

Může to dělat kdokoli. Bible je plná Božích záměrů pro lidi a my můžeme tyto záměry nad nimi prohlásit.

Rád bych se podělil o další příklad. Nedávno jsem se modlil za ženu, která měla bolesti žaludku. Když jsem se modlil, padl na ni Duch svatý a ona se začala svíjet, jak ji opouštěli démoni. Několik dní bylo vše v pořádku a pak se bolest vrátila. „Proč, Pane?" ptala se. Cítila, že jí Duch svatý připomněl, že nějakou dobu předtím, když byla v táboře, jí někdo řekl, aby uvařila kuře opravdu pořádně, aby lidem nebylo špatně. Odpověděla, že nechce, aby jí bylo špatně během několika dalších dnů (během trvání konference), ale potom že už na tom nebude záležet. Musela zlomit moc těch nerozvážných slov a potom se okamžitě uzdravila.

**Jak žehnat svým ústům**

*Žehnám svým ústům, abych mluvil to, co je vzácné, a ne co je bezcenné, a abych byl ústy Páně. (podle Jeremiáše 15:19)*

Ježíš dosáhl mnoha svých zázraků pouhým mluvením. Například: *„Jdi, tvůj syn žije"* (Jan 4:50). Toto chci.

Proto žehnám svým ústům a dávám pozor na to, co z nich vychází.

S manželkou jsme jednou byli v hotelu v Nouméi. Slyšeli jsme, jak celou noc téměř nepřetržitě pláče miminko. Po několika nocích šla moje manželka na přilehlou terasu a zeptala se jeho matky, co s ním je. Ta žena to nevěděla, ale řekla, že lékař dal miminku už třetí sadu antibiotik, ale nic nezabralo. Moje manželka se jí zeptala, jestli se můžu za miminko modlit, a ona souhlasila, i když s pochybami. Takže se svou velmi průměrnou francouzštinou jsem se za miminko modlil a mluvil nad ním ve víře, aby „spalo jako nemluvně". A ono spalo.


**Jak žehnat své mysli**
Často říkám:

> *Žehnám své mysli, mám Kristovu mysl. Proto přemýšlím jako On. Nechť je moje mysl svatým místem, kde s potěšením přebývá Duch svatý. Nechť přijímá slova poznání, moudrosti a zjevení.*

Čas od času mám potíže udržet čistotu svých myšlenek a zjišťuji, že toto pomáhá. Také žehnám své představivosti, aby byla použita pro dobro, a ne pro zlo. Jednoho dne jsem měl trochu potíže s představivostí – putovala na nejrůznější místa, kam jsem nechtěl, aby se dostala – a Bůh mi zdůraznil: *„Podívej se ve své představivosti, jak Ježíš dělá své zázraky… a potom si představ, že je děláš také".* Zjistil jsem, že je mnohem účinnější myslet na něco dobrého (Filipským 4:8), než myslet na to, abych o něčem nepřemýšlel! A žehnání vaší vlastní mysli a představivosti velmi pomáhá při snaze dosáhnout cíle svatosti.

Jednou, když jsem se cítil sklíčený kvůli tomu, že jsem selhal ve svém myšlenkovém světě, v mém srdci zazněla slova starého chvalozpěvu:

*Buď mou představou, ó Pane mého srdce,*
*Ať pro mě není nic jiného tím, čím jsi Ty,*
*Ty jsi moje nejlepší myšlenka ve dne nebo v noci,*
*Ať bdím nebo spím, Tvá přítomnost je mým světlem.*

**Jak žehnat svému tělu**

Znáte verš: *„Radostné srdce – nejlepší lék"* (Přísloví 17:22)? Bible říká, že naše tělo reaguje na pozitivní slova a myšlenky:

*Žehnám svému tělu. Tímto se zbavuji slabosti. Žehnám své fyzické pohodě.*

Jednou jsem se díval na video o muži, který měl vážný srdeční problém. Jeho bypass se zablokoval. Žehnal svým tepnám asi tři měsíce a prohlašoval, že jsou neskutečně a úžasně vytvořeny. Při další návštěvě lékaře zjistili, že má zázračně nový bypass!

Řekl jsem si, že to zkusím na svou pokožku. Od mládí jsem měl problémy s poškozením Sluncem. Nyní ve stáří se mi na ramenech a zádech tvořily malé výrůstky, které jsem si musel nechat každých pár měsíců zmrazovat. Rozhodl jsem se žehnat své pokožce. Nejprve jsem jí jen žehnal v Ježíšově jménu. Ale potom jsem četl něco o povaze pokožky, co změnilo můj pohled. Uvědomil jsem si, že i když jsem pokožkou pokrytý, nevěděl jsem toho moc o tomto největším orgánu ve svém těle. Mluvil jsem *o ní*, ale nikdy jsem nemluvil *k ní*. A pochybuji, že jsem o ní někdy řekl něco pěkného – spíš jsem si stěžoval. Byl jsem nevděčný.

Ale pokožka je úžasná. Jedná se o klimatizační a hygienický systém. Chrání tělo před napadením bakteriemi a sama se hojí. Pokrývá a chrání všechny naše vnitřní části a dělá to tak krásně.

*Díky Bohu za pokožku – za vrásky a všechno ostatní. Žehnám ti, pokožko.*

Po několika měsících tohoto žehnání je teď moje pokožka téměř zahojená, ale klíčovým bodem bylo, když jsem si jí začal vážit a být za ni vděčný. Je neskutečně a úžasně vytvořená. Opravdu to byla skutečná lekce. Stěžování si odpuzuje Boží království, ale vděčnost ho přitahuje.

Tady je svědectví mého přítele Davida Goodmana:

*Před několika měsíci jsem slyšel Richardovo kázání na téma žehnání. Je to poněkud nevinné téma, ale takové, které mě zaujalo kvůli úhlu pohledu. Závěr byl, že žehnání nemusí být něčím, o co žádáme Boha, ale že my jako křesťané máme pravomoc, ne-li zodpovědnost, vyjít do tohoto padlého světa a jako Kristovi vyslanci ovlivnit životy ostatních jednotlivců pro Boží království. Můžeme jít ven a žehnat jejich životům, a zároveň jim odhalit Krista.*

*Ta myšlenka je v pohodě, když se bavíme o druhých, ale narazil jsem na kamennou zeď, když jsem se měl zamyslet nad žehnáním sám sobě. Nemohl jsem se zbavit myšlenky, že nejsem hoden, že jsem sobec, že Boha beru za samozřejmost. Moje myšlení se změnilo, když jsem pochopil, že my křesťané jsme nová stvoření, znovuzrozená a stvořená za účelem, který pro nás naplánoval Bůh. Tím, že tomu tak je, potom tělo, které teď máme, je tedy tělem, kterého bychom si měli vážit a starat se o něj – teď jsme přece koneckonců chrámem, kde přebývá Duch svatý.*

*Proto jsem zahájil krátký pokus. Každý den, když jsem se probudil, jsem žehnal části svého těla, děkoval za to, jak funguje, chválil ji za dobře odvedenou práci. Chválil jsem své prsty za jejich obratnost, za dovednosti, které mají při plnění všech úkolů, které jsou od nich vyžadovány, a jiné. Chválil jsem a děkoval svým nohám za neúnavnou práci, s jakou mě přepravují, za rychlost, za jejich schopnost pracovat jednotně. Chválil jsem své tělo za to, že všechny části dobře spolupracují. Z toho vzešla jedna zvláštní věc.*

*Protože jsem se cítil mnohem lépe fyzicky i psychicky, obrátil jsem své myšlenky na bolest, kterou jsem měl několik měsíců v dolní části ruky – bolest, která se zdála být v kosti a kterou jsem musel pravidelně třít, abych aspoň částečně zmírnil neustálé pulzování. Zaměřil jsem se na tuto část, chválil jsem své tělo za jeho léčivé schopnosti, za jeho výdrž při překonávání věcí, které jsou mu hozeny do cesty, za podporu, kterou mohou poskytnout další jeho části, zatímco v jiné probíhají opravy. Teprve asi o tři týdny později jsem se jednoho rána probudil a uvědomil jsem si, že už v ruce nemám žádnou bolest, že bolest úplně zmizela a nevrátila se.*

*Uvědomil jsem si, že i když je určitě čas a místo, kde se dar uzdravování má skrze víru uplatňovat ve prospěch druhých, existuje také další cesta, otevřená pro nás jako jednotlivce, abychom použili dar uzdravování sami pro sebe. Je to ponaučení o pokoře, že můžeme věřit tomu, co Bůh dal našim novým tělům, že můžeme jít kupředu s důvěrou v nový a živý způsob života.*

Obdržel jsem mnoho svědectví o fyzickém uzdravení jako odpověď na požehnání. Můžete si je přečíst na www.richardbruntonministries.org/testimonies.

**Jak žehnat svému domovu, manželství a dětem**

*Váš dům – typické požehnání domu*

Je dobré požehnat svému domu a toto požehnání obnovovat alespoň jednou ročně. Požehnání místu, kde žijete, jednoduše spočívá v použití vaší duchovní autority v Kristu Ježíši k zasvěcení tohoto místa Pánu. Tím zveme Ducha svatého, aby vešel, a nutíme všechno ostatní, co není od Boha, aby odešlo.

Domov nejsou jen cihly a malta – má také osobnost. Stejně jako teď máte legální přístup do svého domu, někdo jiný měl do něj nebo na váš pozemek právní přístup před vámi. Na tom místě se mohly stát věci, které přinesly požehnání nebo kletby. Bez ohledu na to, co se stalo, je to *vaše* autorita, která určuje, jaká bude duchovní atmosféra od nynějška. Pokud z minulého vlastnictví stále pokračuje démonická aktivita, pravděpodobně to vycítíte – a je jen na vás, abyste tyto síly vyhnali.

Samozřejmě musíte sami zvážit, jakým démonickým silám možná nevědomky poskytujete přístup do vašeho domova. Máte bezbožné obrazy, artefakty, knihy, hudbu nebo DVD? Jaké televizní programy povolujete? Je ve vašem domě hřích?

Tady je jednoduché požehnání, které byste mohli pronést, když procházíte z místnosti do místnosti:

*Žehnám tomuto domu, našemu domovu. Prohlašuji, že tento dům patří Bohu, zasvěcuji ho Bohu a dávám ho pod vládu Ježíše Krista. Je to dům požehnání.*

> *Ježíšovou krví lámu každou kletbu v tomto domě. V Ježíšově jménu přebírám autoritu nad všemi démony a přikazuji jim, aby okamžitě odešli a nikdy se nevrátili. Vyháním každého ducha sváru, nejednoty a neshody. Vyháním ducha chudoby.*
>
> *Přijď, Duchu svatý, a vyžeň všechno, co není od Tebe. Naplň tento dům svou přítomností. Ať vejde Tvoje ovoce: láska, radost, pokoj, laskavost, trpělivost, dobrota, mírnost, věrnost a sebekontrola. Žehnám tomuto domu překypujícím pokojem a oplývající láskou. Nechť všichni, kdo sem vejdou, cítí Tvoji přítomnost a jsou požehnáni. Ve jménu Ježíše, amen.*

Prošel jsem hranice svého pozemku, požehnal jsem mu a duchovně pokropil krví Ježíše Krista na ochranu majetku a lidí na něm před každým zlem a přírodními katastrofami.

### Vaše manželství

> *Máme takové manželství, jakému žehnáme, nebo máme takové manželství, jakému zlořečíme.*

Když jsem poprvé četl tento výrok v knize *Moc žehnání* od Kerryho Kirkwooda, byl jsem trochu otřesen. Je to pravda?

Hodně jsem o tom přemýšlel a domnívám se, že tato slova jsou do značné míry pravdivá – jakékoli neštěstí v našem manželství nebo u našich dětí je způsobeno tím, že jim nežehnáme! Žehnáním dostáváme v plné míře Bohem zamýšlenou laskavost vůči nám – včetně dlouhého života a zdravých vztahů. Stáváme se účastníky nebo partnery v tom, čemu a komu žehnáme.

Dejte si pozor na kletby. Manželé se navzájem dobře znají. Známe všechny citlivé stránky. Říkáte něco v tomto smyslu nebo říká někdy někdo něco takového o vás: "Nikdy mě neposloucháš", "Máš hroznou paměť", "Neumíš vařit", "Jsi dřevo na …"? Pokud se to říká dost často, tak se taková slova stanou kletbami a vyplní se.

Neproklínejte, ale žehnejte. Pamatujte si, že pokud proklínáte (mluvíte slova smrti), nezdědíte požehnání, které pro vás Bůh má. Ještě horší je to, že proklínání ovlivňuje více nás než toho, koho proklínáme.

Může to být jeden z důvodů, proč nemáme odpovědi na modlitby?

Učit se žehnat může být jako učit se nový jazyk – nejprve rozpačité. Například:

> *Nikolo, žehnám ti ve jménu Otce, Syna a Ducha svatého. Dávám průchod veškeré Boží laskavosti. Nechť se uskuteční Boží úmysly pro tvůj život.*
>
> *Žehnám tvému daru seznamovat se s lidmi a milovat je, tvému daru laskavé pohostinnosti. Žehnám tvému daru, že se díky tobě lidé cítí v pohodě. Prohlašuji, že jsi Boží hostitelka, že přijímáš lidi tak, jak by je přijmul On. Žehnám ti energií, abys to dokázala dělat i ve starším věku. Žehnám ti zdravím a dlouhým životem. Žehnám ti olejem radosti.*

### *Vaše děti*

Existuje mnoho způsobů, jak požehnat dítěti. Takto já žehnám své vnučce, které jsou čtyři roky:

*Ashley, žehnám tvému životu. Nechť se staneš úžasnou Boží ženou. Žehnám tvé mysli, aby zůstala zdravá a aby byla ve všech tvých rozhodnutích moudrost a soudnost. Žehnám tvému tělu, aby zůstalo čisté až do svatby a bylo zdravé a silné. Žehnám tvým rukám a nohám, aby mohly vykonávat práci, kterou pro tebe Bůh naplánoval. Žehnám tvým ústům. Nechť mluví slova pravdy a povzbuzení. Žehnám tvému srdci, aby bylo věrné Pánu. Žehnám tvému budoucímu manželovi a životům tvých budoucích dětí vydatností a jednotou. Ashley, miluji všechno na tobě a jsem hrdý na to, že jsem tvůj děda.*

Samozřejmě, pokud má dítě v určité oblasti potíže, můžeme mu náležitě požehnat. Pokud má problémy s učením, můžeme požehnat jeho mysli, aby si zapamatovalo, co se učí, a porozumělo, jak funguje vyučování. Pokud zažívá šikanu, můžeme mu požehnat, aby rostlo v moudrosti a významu a ve prospěch Boha a ostatních dětí, a tak dále.

Vzpomínám si, jak jsem mluvil s úžasnou Boží ženou o jejím vnukovi. Všechno, co o něm řekla, bylo zaměřené na jeho chyby, jeho vzpurný postoj a problémy s chováním ve škole. Poslali ho do tábora, aby mu to pomohlo se dostat zpět na přímou cestu, ale odtud ho poslali zpátky domů, protože jim tam dělal velké potíže.

Po chvilce naslouchání jsem té ženě poukázal na to, jak neúmyslně proklíná svého vnuka tím, jak o něm mluví, a že ho vězní svými slovy. Přestala tedy mluvit negativně a místo toho mu záměrně žehnala. Její manžel, chlapcův děda, dělal totéž. Během několika dní se chlapec úplně změnil, vrátil se do tábora a dařilo se mu. Mluvte o rychlé odezvě na úžasnou moc žehnání!

Jednou z nejúžasnějších věcí, kterou může otec dát svým dětem, je otcovské požehnání. Dozvěděl jsem se o tom z *Otcovského požehnání* od Franka Hammonda, což je úžasná kniha. Bez otcovského požehnání máme stále pocit, že nám něco chybí – vznikne prázdnota, kterou nic jiného nenaplní. Otcové, položte ruce na své děti a další členy rodiny (např. položte ruku na hlavu nebo na ramena) a často jim žehnejte. Odhalte dobré věci, které Bůh udělá pro vás i pro ně.

Kdekoli sdílím toto poselství, ptám se dospělých mužů a žen: „Na kolik z vás váš otec někdy položil ruce a požehnal vám?" Velmi málo lidí zvedne ruce. Pak otázku otočím: „Na kolik z vás váš otec nikdy nepoložil ruce a nepožehnal vám?" Téměř každý zvedne ruku.

Pak se zeptám, jestli mi dovolí, abych jim byl na okamžik duchovním otcem – náhradníkem – abych jim mohl z moci Ducha svatého dát požehnání, kterého se jim nikdy nedostalo. Odezva je ohromující: slzy, vysvobození, radost, uzdravení. Prostě úžasné!

Pokud toužíte po otcovském požehnání tolik jako já, tak nad sebou nahlas vyslovte následující. Je to požehnání, které jsem upravil z knihy Franka Hammonda:

### Otcovské požehnání

*Mám tě rád, moje dítě. Jsi výjimečný/á. Jsi mým darem od Boha. Děkuji Bohu, že mi dovolil, abych ti byl otcem. Mám tě rád a jsem na tebe hrdý.*

*Prosím tě, abys mi odpustil/a věci, které jsem řekl, a udělal a které ti ublížily. I za věci, které jsem neudělal, a za slova, která jsem nikdy neřekl a která jsi chtěl/a slyšet.*

*Lámu a odstraňuji každou kletbu, která tě pronásleduje kvůli mým hříchům, hříchům tvé matky a hříchům tvých předků. Chválím Boha, že se Ježíš stal kletbou na kříži, abychom se my mohli osvobodit od každé kletby a obdržet požehnání.*

*Žehnám ti, abys byl/a uzdraven/a ze všech zranění srdce – zranění způsobeného odmítnutím, zanedbáním a špatným zacházením, které jsi utrpěl/a. Ve jménu Ježíše ruším moc všech krutých a nespravedlivých slov, která proti tobě byla vyslovena.*

*Žehnám ti překypujícím pokojem, pokojem který může poskytnout jen Kníže Pokoje.*

*Žehnám ti, abys měl/a plodný život: dobré ovoce, hojné ovoce a ovoce které přetrvává.*

*Žehnám ti úspěchem. Jsi hlava a ne pata, jsi nad a ne pod.*

*Žehnám darům, které ti Bůh dal. Žehnám ti moudrostí, abys činil/a dobrá rozhodnutí a rozvíjel/a svůj plný potenciál v Kristu.*

*Žehnám ti překypující hojností, díky které můžeš být požehnáním pro ostatní.*

*Žehnám ti, abys měl/a duchovního vliv, protože jsi světlo světa a sůl země.*

*Žehnám ti, abys měl/a hluboké duchovní porozumění a důvěrně chodil/a s tvým Pánem. Nezakopneš ani nezaváháš, protože Slovo Boží bude lampou tvým nohám a světlem tvé cestě.*

*Žehnám ti, abys viděl/a ženy a muže, jako je viděl a vidí Ježíš.*

*Žehnám ti, abys viděl/a, vydoloval/a a oslavoval/a zlato v lidech, ne v hlíně.*

*Žehnám ti, abys nechal/a působit Boha na pracovišti – nejen svědčil/a nebo byl/a dobrým příkladem, ale také oslavoval/a Boha znamenitostí a tvořivostí své práce.*

*Žehnám ti, abys měl/a dobré přátele. Máš náklonnost u Boha i u lidí.*

*Žehnám ti hojnou a překypující láskou, se kterou budeš hlásat Boží milost druhým. Budeš hlásat Boží utěšující milost ostatním. Jsi požehnané, mé dítě! Jsi požehnán/a všemi duchovními požehnáními v Kristu Ježíši. Amen!*

### Svědectví o hodnotě otcovského požehnání

*Otcovské požehnání mě změnilo. Od svého narození jsem nikdy neslyšel nikoho kázat něco takového. Nikdy jsem neměl biologického otce, který by kdy promlouval do mého života až do bodu, kde se teď nacházím. Bůh tě použil, Richarde, abys mě přivedl do bodu, kdy jsem měl potřebu se modlit a nechat duchovního otce, aby vyslovil otcovské požehnání nad mým životem.*

*Když jsi vyslovil otcovské požehnání synovi, utěšilo to mé srdce a teď jsem šťastný a požehnaný.*
*– Pastor Wycliffe Alumasa, Keňa*

*Byla to dlouhá a obtížná cesta, když jsem procházel depresí, boj vedený na mnoha frontách – v mysli, v duchu, v těle. Jako klíčové se ukázalo zahojení mé minulosti a nic nebylo důležitějším krokem vpřed než odpuštění mému otci – nejen za ty zraňující věci, které v minulosti udělal, ale ještě více za věci, které neudělal, které zanedbal. Můj otec mi nikdy neřekl, že mě má rád. Měl citový blok. Nedokázal najít láskyplná, starostlivá a citová slova, která by mi řekl – navzdory touze mé duše je slyšet.*

*Zatímco skrze odpuštění a vnitřní uzdravení se moje deprese zlepšila, stále jsem měl některé fyzické příznaky – největší byl syndrom dráždivého střeva. Můj lékař mi předepsal léky a dietu sice s určitým ale malým účinkem, o kterých mi bylo řečeno, že jsou jen na zvládání příznaků, nikoliv na vyléčení.*

*Můj přítel Richard mi vyprávěl příběhy o otcovském požehnání a o tom, jaké mělo u lidí odezvu. Něco v mém duchu se této myšlenky chytilo. Uvědomil jsem si, že zatímco jsem svému otci odpustil za prázdné místo, které zanechal, ve skutečnosti jsem toto prázdné místo nezaplnil, ani jsem nenaplnil touhu své duše.*

*A potom se to stalo. Jednoho rána v kavárně při snídani na sebe Richard vzal roli, kterou můj otec nedokázat splnit, a žehnal mi jako synovi. Padl na mě Duch svatý a zůstal se mnou celý ten den. Byl to krásný zážitek a ta část mé duše, která křičela, se upokojila.*

*Neočekávaným výsledkem však bylo, že se úplně zastavily mé příznaky syndromu dráždivého střeva. Léky a doktorovu dietu jsem zahodil. Když moje duše dostala to, po čem toužila, uzdravilo se i mé tělo. – Ryan*

*Vyřkla jsem nad sebou a přečetla „Otcovské požehnání". Sotva jsem to ze sebe dokázala dostat ven, tak jsem jen plakala a plakala a*

> *cítila, že mě Pán uzdravuje. Můj vlastní otec mě jen proklínal a mluvil o mně negativně, až dokud nezemřel. Cítila jsem se jakoby osvobozená.*
> *– Mandy*

Otcovské požehnání mělo významný dopad všude, kde jsem ho vyslovil. Řadu svědectví si můžete přečíst na www.richardbruntonministries.org/testimonies a podívat se na video o Otcovském požehnání na www.richardbruntonministries.org/resources.

## Jak prorockými slovy žehnat druhým lidem

I když jsem uvedl příklady, které vám pomohou začít, je dobré požádat Ducha svatého, aby vám pomohl být Božími ústy, vyhlašovat a nechat působit konkrétní Boží záměr nebo „zralé slovo" (správné slovo ve správný čas). Pokud to situace dovoluje, uvolněte svého ducha modlitbou v jazycích nebo chválami.

Můžete začít použitím různých výše uvedených vzorů, ale věřte, že vás Duch svatý nasměruje. Poslouchejte tlukot Jeho srdce. Možná začnete váhavě, ale brzy si získáte srdce Páně.

## Jak žehnat svému pracovišti

Vraťte se zpět k první části a přizpůsobte si vašim okolnostem příklad, který jsem uvedl z vlastní zkušenosti. Buďte otevřeni tomu, co vám Bůh ukáže – může upravit váš náhled. Žehnání není nějaké kouzlo. Bůh například nepřinutí lidi uvěřit tomu, co nepotřebují nebo nechtějí. Bůh také nepožehná lenosti a nepoctivosti. Ale pokud splňujete jeho podmínky, tak byste měli žehnat svému podnikání – aby vám Bůh pomohl jím pohnout z místa, kde se nachází teď, tam kde chce, aby bylo. Naslouchejte Jeho radám nebo radám lidí, které vám posílá. Buďte otevření. Ale také očekávejte Jeho přízeň, protože vás miluje a chce, abyste uspěli.

Dostal jsem toto svědectví od Bena Foxe:

> *Moje konkrétní práce v oblasti nemovitostí prošla v posledních několika letech změnami a v mém podnikání došlo k výraznému poklesu. Šel jsem za několika lidmi, aby se modlili za mou práci, protože moje pracovní vytížení klesalo do bodu, kdy jsem byl plný obav a úzkosti.*

*Na začátku roku 2015 jsem slyšel řadu kázání pana Bruntona o žehnání vlastní práci, podnikání, rodině a dalším oblastem. Až do té doby se mé modlitby zaměřovaly na to, že jsem žádal Boha, aby mi v těchto oblastech pomohl. Myšlenku žehnat sám sobě mě nikdo neučil, ale teď vidím, že se o ní píše v celé Bibli, a vím, že Bůh nás vyzývá a dal nám pravomoc, abychom to dělali ve jménu Ježíše. Začal jsem tedy žehnat své práci – vyhlašovat nad ní Boží slovo a děkovat za ni Bohu. Vytrvale jsem žehnal své práci každé ráno a také děkoval Bohu za nové zakázky a prosil jsem ho, aby mi poslal zákazníky, kterým bych mohl pomoci.*

*Během následujících dvanácti měsíců se objem mé práce výrazně zvýšil a od té doby jsem někdy jen stěží zvládl množství práce, kterou jsem měl. Naučil jsem se, že existuje způsob, jak začlenit Boha do našich každodenních povinností, a žehnání naší práci je součástí toho, k čemu nás Bůh povolává. Proto přisuzuji veškerou zásluhu Bohu. Také jsem začal zvát Ducha svatého do svého pracovního dne a žádat o moudrost a*

> tvořivé nápady. Zejména jsem si všiml, že když žádám Ducha svatého, aby mi pomohl s produktivitou mé práce, obvykle ji dokončím s velkým předstihem.
>
> Zdá se mi, že mnoho církví zapomnělo na učení o žehnání a jak se to dělá, protože ostatní křesťané, se kterými mluvím, o tom nevědí. Žehnání mé práce se nyní stalo mým každodenním zvykem, stejně jako žehnání druhým. Také se s nadějí těším, že uvidím ovoce v lidech a věcech, kterým žehnám, když je to v souladu s Božím slovem a v Ježíšově jménu.

**Jak žehnat komunitě**

Tady mám na mysli jak církev nebo podobná organizace žehná komunitě, v níž působí.

> Lidé v ............... (komunita), žehnáme vám ve jménu Ježíše, abyste poznali Boha, poznali jeho záměry pro vaše životy a poznali jeho požehnání pro každého z vás, vaše rodiny a všechny situace ve vašich životech.

*Žehnáme každé domácnosti v ...............
(komunita). Žehnáme každému manželství a
žehnáme vztahům mezi rodinnými příslušníky
různých generací.*

*Žehnáme vám na zdraví a bohatství. Žehnáme
práci vašich rukou. Žehnáme každému prospěšnému podnikání, do kterého jste zapojeni. Nechť
prospívá.*

*Žehnáme žákům ve vašich školách, žehnáme
jim, aby se učili a porozuměli tomu, co se učí.
Nechť rostou v moudrosti a významu a v přízni
Boží i lidské. Žehnáme učitelům a modlíme se,
aby škola byla bezpečným a zdravým místem,
kde lze bez potíží učit víru v Boha a v Ježíše.*

*Promlouváme k srdcím všech lidí, kteří jsou
v této komunitě. Žehnáme jim, aby byli otevřeni
vábení Ducha svatého a stále více byli vstřícní
Božímu hlasu. Žehnáme jim takovým nadbytkem Nebeského království, které zažíváme zde
v ............... (církev).*

Je jasné, že tento druh žehnání by měl být přizpůsoben konkrétnímu typu komunity. Pokud je to zemědělská komunita, můžete žehnat zemi a zvířatům, pokud je to komunita s běžnou nezaměstnaností, žehnejte místním podnikům, aby vytvářely pracovní místa. Zaměřte žehnání na danou potřebu. Nedělejte si starosti, jestli si to zaslouží nebo ne! Lidé vycítí ve svých srdcích, odkud to požehnání pochází.

**Jak žehnat zemi**
V Genesis vidíme, jak Bůh žehná lidstvu, dává mu vládu nad zemí a všemi živými bytostmi a přikazuje mu, aby byli plodní a množili se. To byla jedna ze stránek původní slávy lidstva.

Když jsem byl nedávno v Keni, potkal jsem misionáře, který si vzal děti z ulice a učil je zemědělství. Řekl mi příběh z muslimské komunity, kde se říkalo, že jejich země je prokletá, protože na ní nic neroste. Můj misionářský přítel a jeho křesťanská komunita té zemi požehnali a stala se úrodnou. To byla dramatická ukázka Boží moci uvolněné žehnáním.

Když jsem byl v Keni, chodil jsem okolo celého sirotčince, který náš sbor podporoval, a žehnal jsem jeho sadu, jejich zahradě, jejich slepicím a jejich kravám. (Požehnal jsem i svým vlastním ovocným stromům, s výbornými výsledky.)

Geoff Wiklund vypráví příběh církve na Filipínách, která požehnala části církevní půdy během období vážného sucha. Jejich půda byla jediným místem, kterému se dostalo deště. Sousední farmáři si chodili nabírat vodu pro svou rýži z příkopů, které obklopovaly obvod církevní půdy. To je další pozoruhodný zázrak, ve kterém byla Boží přízeň uvolněna žehnáním.

**Jak žehnat Pánu**
Ačkoli jsem toto nechal na konec, mělo by to být na prvním místě. Důvod, proč jsem to nechal na konec, je však proto, že mi nepřipadá, že by to zapadalo do vzoru "vyslovovat úmysly nebo Boží lásku nad někým nebo něčím". Spíše je to myšlenka "jak dělat radost".

Jak žehnáme Bohu? Jeden způsob, jak toho dosáhnout, nám ukazuje Žalm 103:

*Dobrořeč, duše má, Hospodinu … a nikdy nezapomeň na jeho odměnu…*

Jaké jsou Pánovy odměny pro naše duše? Odpouští, uzdravuje, vykupuje, ozdobuje, uspokojuje, obnovuje…

Naučil jsem se pamatovat a děkovat každý den Bohu za to, co ve mně a skrze mě dělá. Pamatuji si a vážím si všeho, čím pro mě je. To požehnává jemu i mně! Jak se cítíte, když vám dítě poděkuje nebo ocení něco, co jste udělali nebo řekli? Zahřeje vás to u srdce a máte chuť pro ně udělat víc.

**Závěrečné slovo čtenáře**

*Je těžké vysvětlit, jak žehnání změnilo můj život. Podle mých krátkých zkušeností zatím nikdo neodmítl požehnání, když jsem mu je nabídla dát – dokonce jsem měla možnost požehnat muslimskému muži. Když nabízíme modlitbu s požehnáním životu člověka, otevírá to dveře… je to jednoduchý, nezastrašující způsob, jak vnést*

*Boží království do situace, do lidského života. Možnost modlit se požehnání mi přidala do mé duchovní sady nástrojů velmi výjimečný nástroj … je to, jako by část mého života dříve chyběla a teď byla vsunuta na svoje místo …* – Sandi

**Závěrečné slovo autora**
Věřím, že toto je od Boha:

*Křesťane, kdybys jen poznal, jakou autoritu máš v Kristu Ježíši, tak bys změnil svět.*

# UPLATNĚNÍ

- Pomyslete na někoho, kdo vám ublížil – odpusťte, pokud je potřeba, ale pak jděte ještě dál a požehnejte mu.

- Pouvažujte o věcech, které pravidelně říkáte, kdy proklínáte druhé nebo sebe. Co s tím uděláte?

- Napište si požehnání pro sebe, svého manžela / svou manželku a vaše děti.

- Sejděte se s jinou osobou a buďte otevřeni tomu, že o ní budete prorokovat. Požádejte Boha, aby vám odhalil něco konkrétního a povzbuzujícího pro tuto osobu. Začněte mluvit obecně, například: „Žehnám ti ve jménu Ježíše. Nechť se uskuteční Boží plány a záměry pro tvůj život…" a čekejte, buďte trpěliví. Pamatujte, že máte Kristovu mysl. Pak se prohoďte a nechte tu druhou osobu, aby vám prorocky žehnala.

- Ve svém sboru vypracujte společné žehnání, kterým byste aktivně pomáhali a uzdravovali vaši oblast, nebo žehnejte svému poslání, které už máte.

# JAK SE STÁT KŘESŤANEM

Tato knížka byla napsána pro křesťany. Pod „křesťany" nemyslím jen lidi, kteří žijí dobrý život. Myslím lidi, kteří se „znovu narodili" z Ducha Božího a kteří milují a následují Ježíše Krista.

Lidé sestávají ze tří částí: ducha, duše a těla. Duchovní část byla navržena tak, aby znala a byla v úzkém kontaktu se svatým Bohem, který je Duchem. Lidé byli stvořeni pro intimitu s Bohem, ducha s Duchem. Lidský hřích nás však odděluje od Boha, což má za následek smrt našeho ducha a ztrátu společenství s Bohem.

V důsledku toho mají lidé sklon fungovat jen ze svých duší a těl. Duše zahrnuje rozum, vůli a emoce. Výsledek toho je ve světě až příliš patrný: sobectví, pýcha, chamtivost, hlad, války a nedostatek skutečného pokoje a smyslu.

Ale Bůh měl plán na vykoupení lidstva. Bůh Otec poslal svého Syna, Ježíše, který je také Bůh, aby přišel na Zemi jako člověk, aby nám ukázal, jaký je Bůh – *"pokud jste viděli mě, viděli jste Otce"* – a aby na sebe vzal důsledky našeho hříchu. Jeho hrozná smrt na kříži byla plánována od samého začátku a byla podrobně předpověděna ve Starém zákoně. Zaplatil cenu za hřích lidstva. Bylo učiněno zadost Boží spravedlnosti.

Ale potom Bůh vzkřísil Ježíše z mrtvých. Ježíš slibuje, že ti, kdo v něj věří, budou také vzkříšeni z mrtvých, aby s Ním strávili věčnost. *Teď* nám dává svého Svatého Ducha jako záruku, abychom Ho poznali a spolu s ním chodili po zbytek svého pozemského života.

Takže tady máme podstatu evangelia Ježíše Krista. Pokud uznáte svůj hřích a vyznáte se z něj, pokud věříte, že Ježíš vzal na kříži na sebe váš trest a že byl vzkříšen z mrtvých, bude vám přičtena Jeho spravedlnost. Bůh pošle svého Svatého Ducha, aby znovu oživil vašeho lidského ducha – to je to, co znamená znovu se narodit – a budete moci začít důvěrně poznávat Boha a být s ním v úzkém kontaktu – především proto vás stvořil! Když vaše fyzické tělo zemře, Kristus vás vzkřísí a dá vám slavné, nezničitelné. Páni!

Zatímco budete nadále na této Zemi, Duch svatý (který je také Bůh) bude ve vás působit (aby vás očistil a učinil z vás podobnějšího Ježíšovi) a skrze vás (abyste byli požehnáním pro ostatní).

Ti, kteří se rozhodli nepřijmout to, za co Ježíš zaplatil, půjdou k soudu se všemi vyplývajícími důsledky. To přece nechcete.

Tady je modlitba, kterou se můžete modlit. Pokud se ji budete modlit upřímně, znovu se narodíte.

> *Drahý Bože, který jsi v nebesích, přicházím k Tobě ve jménu Ježíše. Přiznávám, že jsem hříšník. (Vyznejte všechny své známé hříchy). Je mi opravdu líto mých hříchů a života, který jsem žil/a bez Tebe, a potřebuji Tvé odpuštění.*
>
> *Věřím, že Tvůj jediný Syn, Ježíš Kristus, prolil svou drahocennou krev na kříži a zemřel za mé hříchy,*

*a já jsem teď ochoten/na se odvrátit od svého hříchu.*

*V Bibli jsi řekl (Římanům 10:9), že pokud prohlásíme, že Ježíš je Pán, a věříme ve svých srdcích, že Bůh vzkřísil Ježíše z mrtvých, budeme spaseni.*

*Na tomto místě uznávám Ježíše jako Pána své duše. Věřím, že Bůh vzkřísil Ježíše z mrtvých. V tomto momentu přijímám Ježíše Krista jako svého osobního Spasitele a podle Jeho Slova jsem nyní spasen/a. Děkuji, Pane, za to, že jsi mě tak moc miloval, že jsi byl ochotný zemřít místo mě. Jsi úžasný, Ježíši, a já Tě miluji.*

*Teď Tě prosím, abys mi pomohl svým Duchem, abych byl/a člověkem, kterým jsi už před začátkem času zamýšlel, abych byl/a. Veď mě ke spoluvěřícím a církvi podle Tvé volby, abych v Tobě mohl/a růst. Ve jménu Ježíše, amen.*

Díky, že jste si přečetli tuto knížku.
Rád přivítám svědectví o tom, jak žehnání
změnilo váš život, nebo životy těch,
kterým jste požehnali.
Prosím, kontaktujte mě na:
richard.brunton134@gmail.com

Navštivte www.richardbruntonministries.org

**O autorovi:** Richard Brunton v roce 1981 spoluzaložil společnost Colmar Brunton a vybudoval z ní nejznámější novozélandskou společnost pro průzkum trhu. V roce 2014 odešel do důchodu a od té doby se věnuje psaní, kázání a duchovní službě na Novém Zélandu i v zahraničí. Je také autorem knížky *Pomazán pro práci* – což je výzva ke vstupu do vzrušujícího a naplňujícího světa, kde má nadpřirozeno silný vliv na pracovišti.

www.ingramcontent.com/pod-product-compliance
Lightning Source LLC
Chambersburg PA
CBHW071838290426
44109CB00017B/1854